NOMS DES PEINTRES

LES PLUS CELEBRES

ET LES PLUS CONNUS,

ANCIENS & MODERNES.

A PARIS,

1679.

AVEC PRIVILEGE DV ROY.

L'Art de peindre est si ancien, qu'il est difficile de bien sçavoir qui en est l'Inventeur. Les uns veulent que Philocles d'Egypte ait esté le premier qui l'a mis en pratique ; D'autres en donnent la gloire à Cleante de Corinthe ; D'autres à Ardice aussi de Corinthe, & à Thelephanes de Chiarenia au Peloponese. Quelques-uns disent que Cleophante Corinthien fut le premier qui se servit d'une seule couleur, de mesme que Hygienontes, Dinias & Charmas. Qu'Eumarus d'Athenes commença à peindre les hommes & les femmes, & à marquer de la difference entre les deux sexes ; Et que Cimon Cleonien son disciple trouva les racourcissemens dans les corps, & les representa en diverses attitudes.

Dés le temps de Romulus, on voyoit des Ouvrages du Peintre Bularchus, qui peignit la bataille des Magnesiens. Romulus mourut la 2. année de la 16. Olympiade, l'an du Monde 3269 devant la naissance de Iesus-Christ 715.

Panoeus frere de Phidias, vivoit en la 83. Olympiade, l'an du monde 3535. devant Iesus-Chrift 449.ans. Il peignit la fameuse journée de Marathon, où les Atheniens deffirent les Perses.

POLYGNOTUS Thasien vint ensuite, qui mit l'expression dans les visages; quitta la premiere maniere de peindre qui estoit encore barbare : prist plaisir à representer les femmes, & à les vestir d'habits agreables. Il fit plusieurs Ouvrages à Delphes & à Athenes.

MYCON fist aussi dans le mesme temps des tableaux dans la ville d'Athenes.

AGLAOPHON, CEPHISSODORUS, PHRILUS & EVENOR parurent environ la 90. Olympiade, l'an du monde 3563. devant Iesus-Chrift 421.Cet Evenor estoit le pere & le Maistre de Parrhasius.

APPOLLODORE Athenien vivoit avec grande estime en la 93.Olympiade. Il commença d'observer la beauté de tous les corps, pour les mieux representer dans ses Tableaux.

ZEUXIS vint ensuite en la 95. Olympiade, qui ajoûta encore de nouveaux charmes à cet Art.

PARRHASIUS fils d'Evenor, augmenta beaucoup la peinture par la belle proportion & les expressions naturelles qu'il donna à ses figures.

DEMON Athenien fut aussi fort sçavant

L'an du monde 3576 devant Jesus-Ch. 409.

L'an du monde 358? devant Jesus-Ch. 421.

dans les belles expreſſions des viſages.

THIMANTE eſtoit un homme d'eſprit & de jugement, qui travailloit avec beaucoup d'art & de ſcience.

En ce meſme temps vivoit EUXENIDAS qui fut Maiſtre d'ARISTIDE, & d'EUPOMPE de qui Pamphile fut diſciple.

Ce PAMPHILE eſtoit de Macedoine, & joignit à l'Art de la peinture l'étude des belles Lettres. Il eut pour diſciples Melanthius & Appelle.

ECHION & THERIMACUS eſtoient en vogue en la 107. Olympiade.

POUR APPELLE, il commença de paroître en la 110. Olympiade. Il eſtoit natif de l'iſle de Coos, & a tellement excellé dans ſon Art, qu'il s'eſt acquis une reputation qui ne finirà jamais.

L'an du monde 3652 devant Jeſus Ch. 332.

AMPHION & ASCLEPIODORE vivoient dans le meſme temps; & comme il eſt preſque impoſſible qu'un ſeul homme poſſede parfaitement toutes les parties de la peinture, Appelle avoüoit ſincerement qu'Amphion le ſurpaſſoit dans l'ordonnance, & Aſclepiodore dans les proportions.

PROTOGENE fut auſſi fort eſtimé d'Appelle: Il eſtoit natif de Caunus ville ſituée dans la Cilicie, & ſujette aux Rhodiens. Il fit un Tableau qui ſauva la ville de Rhodes, lorsque Demetrius l'assiegea : Car ne pouvant estre prise que du costé où estoit la maison de Protogene, ce Roy aima mieux lever le Siege que d'y mettre le feu, & de perdre un ouvrage si admirable.

En ce mesme temps parut ARISTIDE qui estoit de Thebes. Il fut en reputation, pour avoir esté le premier qui representa le plus parfaitement sur les visages toutes les passions de l'ame.

THEOMNESTUS qui vivoit alors, eut un talent particulier à bien faire les portraits.

NICOMAQUE fils & disciple d'Aristodemus, travailloit d'une maniere prompte : Il eut pour disciple son frere Aristide, son fils ARISTOCLE & PHILOXENE qui peignit pour le Roy Cassander, la bataille où Alexandre desfit Darius.

NICOPHANE peignoit aussi avec beaucoup de force & de grace.

PERSE'E disciple d'Appelle, écrivit un Traité de peinture qu'il dedia à son maître.

NICEROS & ARISTIPPE furent disciples d'Aristide le Thebain. Aristippe fut Maistre d'ANTHORIDE & d'EUPHRANOR : ce dernier ne fut pas seulement un tres-excellent Peintre, mais un tres-sçavant Sculpteur.

PAUSIAS de Scycionne disciple de Pamphile, fut le premier qui commença à peindre les lambris & les voutes.

NICIAS Athenien vint depuis, & peignit parfaitement les femmes.

ATHENION Maronite disciple de Glaucion Corinthien, ne fut pas moins estimé que Pausias, quoy que son Coloris fust plus sec & moins agreable.

CLESIDES peignit aussi fort bien : Il representa la Reine Stratonice femme d'Antiochus, d'une maniere offensante ; mais si belle, que l'excellence de l'ouvrage luy fit oublier l'injure de l'Ouvrier.

THIMOMACHUS de Bysance travailloit à Rome du temps de Iule Cesar sous Auguste. Il y eut un Peintre nommé LUDIUS, qui fut en grande reputation.

Plusieurs autres Peintres travailloient à de petits Tableaux, où ils representoient des sujets mediocres. PIRRICUS est un de ceux qui a esté le plus fameux.

LA PEINTURE qui depuis la decadence de l'Empire Romain estoit entierement déchûë aussi-bien que le reste des beaux ARTS, commença à se relever dans le 13. siecle. CIMABUE' qui vint au monde l'an 1240. fut le premier qui la fit paroistre avec quelque lustre. Il estoit d'une noble famille de Florence, où il fit plusieurs ouvrages. Il mourut âgé de 70. l'an 1300.

Andre' Taffi aussi Florentin, se mit à peindre dans le mesme temps ; Mais s'adonna particulierement à faire des ouvrages de Mosaïque. Il mourut âgé de 80 ans vers l'an 1294.

Plusieurs Florentins commencerent à les imiter. Gaddo Gaddi fut un des premiers. Marguaritone Originaire *d'Arrezzo*, peignit dans l'Eglise de S. Pierre de Rome, sous le Pontificat d'Urbain IV. Ce fut luy qui fit le tombeau du Pape Gregoire X. qui est dans la grande Eglise *d'Arrezzo*. Ce Peintre mourut âgé de 77. ans.

Giotto fut de tous les disciples de Cimabuë celuy qni eut le plus de reputation. Il estoit né d'un Bourg éloigné d'environ cinq lieuës de Florence. Benoist IX. le fit travailler à Rome dans l'Eglise de saint Pierre, où il fit de Mosaïque ce grand Tableau que l'on appelle la *Nave del Giotto*. Il fit quantité de Tableaux en plusieurs villes d'Italie, & mourut à Florence l'an 1326.

Buonamico Buffalmaco Florentin estoit disciple d'André Taffi ; Il s'avisa des premiers de faire sortir des Rouleaux de la bouche de ses figures, où il écrivoit des réponses & des demandes : Ce qui a donné lieu à quantité de Peintres ignorans d . l'i-

miter eu cette ridicule expreſſion. Il mourut l'an 1340.

AMBROGIO LORENZOTTI de Sienne , &
PIETRO CAVALLINI Romain travaillerent ſous le Giotto.

SIMON MEMMI de Sienne a fait pluſieurs
portraits : aprés avoir vécu 60 ans, il mourut l'an 1345.

Ce Simon eut un frere nommé LIPPO
auſſi Peintre , & qui le ſurveſquit de 12.
années.

TADDEO DI GADDO GADDI Florentin
fut Diſciple de Giotto , & imita beaucoup ſa manieré.

ANDRE' ORGAGNA DI CIONE travailloit dans le meſme gouſt que les Peintres
precedens. Il vécut 60 ans , & mourut l'an
1389.

THOMAS ſurnommé le GIOTTINO fit
quantité de Tableaux à Florence. Il en fit
un , où il repreſenta le Duc d'Athenes d'u-
ne maniere ridicule, lorſque les Florentins
le chaſſerent de leur Ville. Ce Peintre n'a-
voit que 32 ans lors qu'il mourut l'an 1356.

En ce temps vivoient GIVANNI DA
PONTE, AGGNOLO GADDI , BERNA de
Sienne, DUCCIO auſſi Siennois, ANTO-
NIO VINIZIANO, JACOB CASENTINO, SPI-
NELLO natif d'*Arrezzo*, lequel étant âgé de
77 ans peignit la chûte des mauvais Anges,

ensuite de quoy il crut avoir vû Lucifer, qui luy demandoit pourquoy il l'avoit peint aussi difforme qu'il avoit fait, & cette vision le troubla si fort, qu'il mourut bien-tost aprés.

Dans ces temps, GERARDO STARNINA alla travailler en Espagne.

LORENZO RELIGIEUX de Camaldoli, TADDEO BARTOLO & LORENZO BICCI disciple de Spinello peignoient en Italie.

PAOLO surnommé VCCELLO, à cause qu'il faisoit fort bien des oyseaux, fut un des premiers qui s'étudia à bien observer la perspective dans les Tableaux. Il mourut l'an 1432.

MASACCIO fut disciple de Paolo. On luy donne la gloire d'avoir commencé à travailler d'une bonne maniere, & d'avoir fait paroistre les figures dans de belles attitudes ; Il n'eut pas le temps d'executer toutes ses pensées, car il mourut dans sa 26 année l'an 1443.

PIETRO DELLA FRANCESCA Florentin travailla sous le Pontificat de Nicolas V. dans les sale, du Vatican. Il avoit fait deux Tableaux qui furent mis à bas, lorsque par le commandement de Iule II. Raphaël peignit en leur place le miracle du S. Sacrement arrivé à Bolsene : & S. Pierre dans la prison.

Lorentino d'Angelo Aretin fut son disciple.

Iean Angelic *da Fiesole* Religieux Dominiquin, travailla aussi à Rome du temps de Nicolas V. Aprés avoir vescu avec beaucoup de sainteté l'espace de 80 ans, il mourut l'an 1455.

Tous ces Peintres n'avoient point encore le secret de peindre en huile : ce fut Iean de Bruges Peintre Flamant qui en fut l'inventeur.

Antonio da Messina Peintre assés habile, fut exprés en Flandre pour apprendre de luy cette nouvelle maniere. Il y demeura jusques à la mort de Iean de Bruges, & ensuite revint en Sicile. Mais en passant par Venise, il dit son secret à un Peintre Venitien nommé Dominique, qui le communica ensuite à d'autres.

Philippe Lippi Florentin, qui pour avoir porté quelque temps l'habit de Carme fut appellé Frere Philippe, ayant esté pris par des Corsaires de Barbarie, & vendu en ce païs-là, son Maistre le mit en liberté au bout de quelque temps, aprés avoir eu de luy plusieurs portraits. Il mourut malheureusement l'an 1438. âgé de 57. ans.

André del Castagno fut le premier des Peintres Florentins qui sceut peindre à

huile. Dominique Venitien luy enseigna
ce nouveau secret , & pour recompense
fut assassiné par son amy. Ce fut cet André
qui par l'ordre de la Republique de Florence , peignit contre le Palais du Podesta,
l'execution de ceux qui avoient eu part à
l'horrible conjuration faite contre les Medicis en l'année 1478. & pour cela fut surnommé ANDREA de gl'IMPICATI.

VITTORE PISANO ou PISANELLO travailla sous André. Il fut bon Peintre & bon
Sculpteur , principalement pour des Medailles.

GENTILE DA FABRIANO travailla à S.
Jean de Latran par l'ordre du Pape Martin
V. Il avoit quatre-vingts ans lors qu'il
mourut.

GOZZOLI vivoit en ce temps-là. Il a travaillé à Rome & à Pise.

LORENZO COSTA peignit à Ferrare &
à Boulogne. Il eut pour disciples Hercule
de Ferrare & le Dosse.

JACQUES BELLIN Originaire de Venise ,
& disciple de Gentil da Fabriano , fut concurrent de ce Dominique qui fut assassiné
par André del Castagno. Iacques eut deux
fils IEAN & GENTIL qui furent les premiers qui mirent dans Venise la Peinture à
un degré où elle n'avoit pas encore paru ,
& y firent quantité de grands ouvrages.

Gentil alla à Constantinople, où il fit plusieurs portraits pour le Grand Seigneur :
Les portraits de ces deux freres sont dans le
Cabinet du Roy. Gentil mourut âgé de 80
ans l'an 1501. & Iean qui le survesquit avoit
90. ans lors qu'il mourut.

COSME ROSSELLI Florentin peignit à
Rome pour le Pape Sixte IV. Il mourut âgé
de 68. ans l'an 1484.

DOMINIQUE GHIRLANDAÏ peignit aussi dans le mesme temps à Rome ; Il eut
pour Eleve Michel Ange, & mourut l'an
1493. âgé de 44. ans. Il eut deux freres,
l'un nommé DAVID & l'autre BENEDETTE.
Il laissa aussi un fils nommé RODOLPHE,
que David eut soin d'élever. Ils furent
tous Peintres, & Rodolphe mourut l'an
1560. âgé de 65. ans.

ANDRE' VERROCHIO fut le premier qui
moula les visages des personnes mortes
pour en garder la ressemblance. Il eut pour
disciples Pietre Perugin, & Leonard de
Vinci. Il mourut âgé de 56. ans.

ANDRE' MANTEGNE nasquit à Padouë,
& gardoit les Brebis en son jeune âge.
Ayant témoigné son inclination au dessein,
on le mit sous Iacques SQUACIONE, où il
s'avança si fort dans son Art, qu'à l'âge de
17. ans, ceux de Padouë le choisirent pour
faire le grand Tableau de sainte Sophie. Il

peignit à Mantouë le Triomphe de Cefar. Il travailla aussi au Vatican du temps d'Innocent VIII. Il y a une Vierge de luy dans le Cabinet du Roy ; Et au Palais Mazarin un Christ mort, couché de son long, & que l'on voit en racoutcy. Il mourut âgé de 66 ans.

Philippe Lippi qui avoit esté Carme, laissa un fils nommé aussi Philippe, qui fit quelques Tableaux pour le Roy de Hongrie Matthias Corvinus ; Il mourut à Florence l'an 1505. âgé de 45. ans.

Bernardin Pinturicchio a peint dans la Bibloteque du Dome de Sienne, l'Histoire du Pape Pie II. Il fit aussi plusieurs ouvrages au Vatican du temps d'Innocent VIII. & d'Alexandre VI. Il mourut de déplaisir environ l'an 1513. âgé de cinquante-neuf ans.

François Francia estoit natif de Bologne ; Il apprit d'abord à travailler d'orfévrerie, & à peindre d'émail sur les métaux. Ensuite il se mit à graver des poinçons pour faire des Medailles, en quoy il se rendit recommandable. Neantmoins il quitta ces travaux pour s'adonner uniquement à la peinture, & y réüssit parfaitement. Ayant vû un Tableau que Raphaël avoit fait d'une sainte Cécile qu'on envoya à Bologne pour mettre dans une Chapelle,

il

il fut si fort touché d'admiration pour ce Tableau, & tout ensemble si affligé de voir combien cet ouvrage surpassoit les siens, que s'estant abandonné à son déplaisir, il tomba malade à quelques jours de là ; & ne faisant plus que languir, mourut quelque temps aprés de mélancolie l'an 1518. âgé de 68. ans.

PIETRE PERUGIN estant sorty de Perouse lieu de sa naissance, s'en alla à Florence dans un état fort pauvre. Mais s'estant mis à travailler, il trouva enfin moyen de se tirer de la necessité. Il a fait quantité d'ouvrages en Italie à Fraisque, & à huile, & des desseins de tapisseries. Ce qui à beaucoup honoré sa memoire, est d'avoir eu pour disciple Raphaël d'Urbin. Aprés avoir vécu 78 ans, il mourut l'an 1524.

FRANÇOIS TURBIDO dit le MORE a fait de fort beaux portraits : il mourut l'an 1521 âgé de 81. an.

LUC SIGNORELLI de Cortone, fit aussi des Tableaux dans la Chapelle du Pape Sixte, que l'on estimoit assés.

Mais de tous les Peintres qui parurent en ce temps-là. Il n'y en a point qui ait possedé une si parfaite connoissance de la peinture que LEONARD DE VINCI. Il sçavoit toutes les sciences qui pouvoient contribuer à la perfection de son Art. Il travailla beaucoup en Italie, & enfin estant venu en France du temps de François I. il eut l'honneur de mourir entre les bras de ce grand Prince, âgé de 75. ans.

Giorgion de Castel Franco se rendit admirable par le maniment & la beauté des couleurs, & en cette partie il surpassa tous les Peintres qui l'avoient precedé. Il a fait quantité de portraits fort beaux, & plusieurs autres ouvrages. L'on en voit d'excellens dans le Cabinet du Roy, & chez les Curieux. Il n'avoit que 34. ans, lors qu'il mourut en 1511. Il laissa deux Eleves qui ont esté fameux, sçavoir Sebastien de Venise, nommé à Rome *Fratel del Piombo*, & le celebre Titien.

Antonio da Corregio vivoit dans le mesme temps. Ses plus beaux & ses plus grands ouvrages se voyent à Parme. Il ne vécut que quarante ans, & mourut l'an 1513.

En ce temps-là il y avoit un Milanois nommé André Gobbe, qui peignoit aussi fort bien; Et à Florence Mariotto Albertinelli, Baccio autrement frere Barthelemy de S. Marc, & Pierre de Cosimo tous trois Eleves de Cosimo de Rosselli. Baccio mourut âgé de 48 ans l'an 1517. & Pierre de Cosimo l'an 1521. âgé de 80. ans.

Raphaelino del Garbo mourut environ ce temps à l'âge de 58. ans.

Raphael d'Urbin estoit mort peu de temps auparavant l'an 1520 âgé seulement de 37. ans. Le nom de ce Peintre est si celebre qu'il est connu de tout le monde. quant à ses ouvrages il y en a de toutes parts. Ceux qui sont dans le Cabinet du Roy sont des plus beaux, & peuvent faire juger du grand merite de ce fameux Peintre.

Du temps du Pape Jule II. Bramante, eut ordre S. S. de faire venir à Rome un nommé Claude qui demeuroit à Marseille, & un Religieux de Saint Dominique nommé Frere Guillaume qui peignoient parfaitement sur le verre. Ils firent plusieurs ouvrages dans le Vatican, & en diverses Eglises de Rome. Claude mourut peu de temps aprés qu'il y fut arrivé ; pour Guillaume, il vécut jusques en 1537. qu'il mousut âgé de 62. ans.

Timothe'e da Urbino travailla sous Raphaël aux Sybiles qui sont à Rome dans l'Eglise de Nostre-Dame de la Paix.

Vincent da San-Geminiano fut aussi un des disciples de Raphaël, & travailla sous luy dans les sales du Vatican. Il mourut l'an 1527.

Peu de temps aprés mourut à l'âge de 78

ans LORENXO DI CREDI Florentin , disciple d'André Varrochio.

BALTHAZAR PERUZZI de Sienne a peint dans le Palais de Ghifi ; dans les ruës de Rome, & dans les Eglises. Il sceut fort bien les Mathematiques , & entendit parfaitement l'Architecture. Il rétablit sous le Pape Leon X. les anciennes decorations de Theatres. Il mourut l'an 1536. âgé de 36. ans. Serlio s'est beaucoup servy de ses desseins dans les Livres d'Architecture qu'il a donnez au public.

JEAN FRANCHESQUE PENNI surnommé IL FATTORE, travailla sous Raphaël aux loges du Vatican. Il dessignoit fort bien , & entendoit parfaitement le païsage & les ornemens ; En sorte que Raphaël s'en servit beaucoup à faire des desseins de tapisseries , & d'autres grands ouvrages. Il mourut âgé de 40. ans l'an 1528.

Ce Jean Franchesque eut un frere nommé LUCA PENNI , qui aprés avoir travaillé en plusieurs lieux d'Italie , s'en alla en Angleterre où le Roy Henry VIII. l'employa à plusieurs ouvrages. Il peignit aussi à Fontainebleau pour François I.

PELLEGRIN de Modene ayant aussi peint sous Raphaël , se retira en son païs aprés la mort de son Maistre.

Gaudence Milanois vivoit en ce temps-là ; Il avoit une grande facilité à peindre.

André del Sarte Florentin vint en France sous le regne de François I. & fit plusieurs Tableaux ; On en voit encore quelques-uns dans le Cabinet du Roy. Estant retourné en son païs, il mourut de la peste l'an 1530. âgé de 42. ans. Il laissa plusieurs Eleves, entr'autres Giacomo da Pontormo, Andrea Squazella qui a beaucoup imité sa maniere, & qui a travaillé en France. Giacomo Sandro, Francesco Salviati, & Giorge Vasari.

Pendant qu'André del Sarte travailloit à Florence. Les Dosses qui estoient deux freres, avoient beaucoup de reputation auprés d'Alfonse Duc de Ferrare. Ils excelloient particulierement à faire du païsage.

Il y avoit aussi pour lors Bernazzano de Milan, excellent Païsagiste, & qui faisoit fort bien des Animaux. Il s'estoit associé avec un certain Cesar de Sesto qui faisoit les figures d'une maniere assés agreable.

Jean Antonio Regillo, dit Licinio de Pordénone dans le Frioul, travailloit avec beaucoup d'estime, & mesme entroit en concurrence avec le Titien. Il fit quantité d'ouvrages à Venise, qui luy acqui-

rent beaucoup d'eſtime. Il mourut âgé de
56. l'an 1540.

Il eut pour diſciple POMPONIO AMAL-
TEO qui eſtoit ſon Gendre ; & pour imita-
teur BERNARDINO LICINIO.

Dans ce temps-là IEAN ANTOINE SO-
LIANI travailloit à Gennes pour le Prince
Doria ; Il eut pour diſciple un certain BE-
NEDETTO qui vint en France avec Antoine
MIMI diſciple de Michel Ange. Car comme il y avoit alors une infinité de Peintres
en Italie, pluſieurs d'entr'eux paſſoient en
France, en Alemagne, & en divers autres
lieux. JEROSME DE TREVISI qui fut un de
ceux-là, aprés avoir long-temps travaillé
en ſon païs & à Veniſe, alla en Angleterre où il fut employé en qualité d'Inge-
nieur, & fut tué d'un coup de canon devant Boulogne en Picardie l'an 1544. âgé
de 36. ans.

POLIDORE DE CARAVAGE, & MATHU-
RIN de Florence travaillerent ſous Raphaël, & ſe font beaucoup diſtinguez entre ſes autres Eleves. Ils peignoient aux loges du Vatican, à des friſes que l'on voit
encore dans les les rües de Rome, & en
pluſieurs autres endroits. Mathurin mourut de la peſte aprés la priſe de Rome en
1527. & Polidore fut aſſaſſiné par ſon v... et
l'an 1543.

Maître Roux estoit Florentin, & avoit étudié d'aprés les Cartons de Michel-Ange. Neantmoins il s'abandonna à son genie, & se fit une maniere particuliere. Aprés avoir beaucoup peint en plusieurs lieux d'Italie, il vint en France où il travailla à Fontainebleau ; Et comme il estoit bien fait de corps, & qu'il estoit sçavant, il se rendit si agreable au Roy François I. qu'il luy donna de bonnes pensions, & la direction de tous les ouvrages de peintures qui se faisoient alors. Il luy donna aussi une Chanoinie de la Sainte Chapelle de Paris. Il mourut miserablement à Fontaine-bleau l'an 1541. s'estant empoisonné luy-mesme.

BARTHOLOMEO DA BAGNACAVALLO Romain, peignit du temps de Raphaël.

FRANCIA BIGIO Florentin fut concurrent d'André del - Sarte.

FRANÇOIS MAZZUOLI Parmesan, travailloit à Rome pour le Pape Clement VII. On voit plusieurs estampes faites d'aprés ses desseins : il mourut l'an 1540. âgé de 36 ans. Il eut un Cousin, nommé JEROSME MAZZUOLI qui imita beaucoup sa maniere.

Un de ceux qvi a peint dans ce temps-là avec beaucoup de force de dessein, & une grande beauté de couleurs, fut JACQUES PALME nommé le vieux Palme. Il mourut âgé de 48. ans. Il y a des Tableaux de luy dans le Cabinet du Roy.

LORENZO LOTO travailloit aussi alors. D'abord il imita la maniere de Ican Belin, mais ensuite il s'arresta à celle de Giorgion. Il y aussi un Tableau de luy dans le Cabinet de sa Majesté.

IOCONDE estoit de Veronne ; Il se fit Religieux de l'Ordre de Saint Dominique ; Il s'appliqua peu à la peinture, & beaucoup à l'Architecture. Ce fut luy qui bâtit sous Loüis XII. le pont Nostre-Dame, & le petit pont.

LIBERALE estoit aussi de Veronne ; Il imita la maniere de Iacques Belin.

FRANCESCO MONSIGNORI peignit beaucoup a Mantouë, & a fait quantité de portraits.

Lorsque le Pape Leon X. alla à Florence, il y avoit un Peintre nommé GRANACCI qui fut employé aux decorations que l'on fit pour l'entrée de Sa Sainteté. Ce Peintre travailla sous Michel-Ange, & mourut l'an 1543.

IULE ROMAIN a esté le plus sçavant de tous les Eleves de Raphaël ; Dans ses ouvrages, la grandeur des conceptions & la force du dessein est plus considerable que la beauté des couleurs & le maniment du pinceau. Ce qu'il a fait de plus grand est à

Mantoüe où il mourut l'an 1546. âgé de
54. ans. Il eut plusieurs Eleves, dont les
plus considerables furent Iean de Lion, Raphaël d'al Colle, Benedetto Pagni, Figu-
rino da Faenza, Fermo Guisoni, Rinaldo
& Iean Baptiste de Mantoüe.

Dans le temps que Iule travailloit à Rome sous Raphaël, SEBASTIEN DE VINISE
qui a esté plus connu sous le nom de FRA-
TEL DEL PIOMBO, peignoit pour Augustin
Ghisi au mesme lieu où Raphaël avoit fait
ces beaux ouvrages que l'on y voit encore.
Michel-Ange favorisoit beaucoup Fratel
del Piombo, parce qu'il estoit dans son
party. Car alors les Peintres de Rome e-
stoient partagez ; les uns pour Raphaël,
les autres pour Michel-Ange. Fratel del
Piombo fit un Tableau en concurrence de
celuy que Raphaël a fait à Saint Pierre *in
Montorio*, où il representa la Resurre-
ction du Lazare ; cette peinture est à Nar-
bonne. Il y a un Tableau de luy dans le Cabinet du Roy. Sa maniere de peindre à
beaucoup de celle de Michel-Ange, &
tient plus de l'Ecole de Florence que de
celle de Lombardie, encore qu'il y eust appris les premiers commencemens de son
Art. Il mourut à Rome l'an 1547. âge de
62. ans.

PERIN DEL VAGUE estoit né à Florence.

Il apprit d'abord à peindre sous un Peintre
assés mediocre , mais ensuite il dessigna
d'aprés les Cartons de Michel - Ange.
Estant allé à Rome, il étudia d'aprés les antiques & les plus excellens ouvrages qu'il y
vit. Et lorsque Raphaël fit travailler aux
loges du Vatican , il le mit sous Iean da U-
dine qui estoit un de ceux ausquels Raphaël
en avoit donné la conduite. Il a travaillé
beaucoup à Gennes pour le Prince Doria.
Il mourut à Rome l'an 1547. âgé de 47.
ans.

DOMINIQUE BECCAFUMI ayant étudié
dans Sienne d'aprés les ouvrages de Pietre
Perrugin, alla ensuite travailler aprés ceux
de Michel-Ange & de Raphaël. C'est luy
qui acheva le pavé de marbre qui est dans
l'Eglise Cathedrale de Sienne , & qu'un
nommé DUCCIO Peintre de ce païs-là a-
voit commencé. Il mourut l'an 1549. âgé
de 65. ans.

LE PONTORME a eu de la reputation
parmy les Florentins ; Il étudia sous Léo-
nard de Vinci , sous Mariotto Albertinelli,
sous Pierre de Cosimo , & enfin sous André del Sarte. Il voulut aussi imiter la maniere d'Albert Dure, aprés avoir vû les é-
tampes qu'il avoit gravées.

GIROLAMO GENGA natif d'Urbin , étudia sous Pietre Perugin , dans le mesme

temps que Raphaël commençoit aussi d'a-
prendre les principes de la peinture. Il vécut 75. ans, & mourut l'an 1551. laissant un
fils nommé BARTHOLOMEO, & un gendre
appellé GIOVAN BAPTISTA San Marino,
qui tous deux furent Peintres.

GIOVAN ANTONIO da Verselli, surnommé IL SODOMA, peignit au Vatican &
dans la vigne d'Augustin Ghisi. Il avoit
une inclination particuliere à representer
des actions lascives & des-honnestes ; Il
mourut dans l'Hospital de Sienne l'an 1554
âgé de 75. ans.

BASTIANO surnommé ARISTOTILE, mourut à Florence l'an 1551.

GIROLAMO DA CARPI disciple de Ga-
rofalo, imita la maniere du Corege.

Amilcar Anguisciola Gentilhomme Cre-
monois eut quatre filles qui s'adonnerent à
la peinture. SOPHONISBE qui estoit l'aisnée,
se rendit excellente à bien faire des portraits.

IEAN DA UDINE disciple de Raphaël,
fut recommandable pour bien representer
les animaux, les draperies, toutes sortes
d'instrumens, des vases, des païsages, des
bastimens, des fleurs & des fruits ; & sur
tout fit parfaitement les ornemens de Stuc,
qu'il mit en usage. Il mourut à Rome l'an
1564. âgé de 70. ans.

BAPTISTA FRANCO de Venise étudia sous Michel-Ange, & travailla d'une maniere un peu seche.. Il fit plusieurs desseins pour des vases de terre que le Duc d'Urbin faisoit faire à Castel Durante. Il mourut l'an 1561.

FRANÇOIS SALVIATI florentin fut disciple d'André d'el Sarte; Il vint en France en 1554 où il peignit à Dampierre pour le Cardinal de Lorraine; Il travailloit avec facilité, & mourut en Italie l'an 1563. agé de 54. ans.

DANIEL DE VOLTERRE étoit de la famille des Ricciarelli. Il étudia sous le Sodoma & sous Balthazar de Sienne. Ses plus beaux ouvrages sont à Rome dans l'Eglise de la Trinité du Mont; Il estoit aussi fort bon Sculpteur. C'est de luy le Cheval de bronze que l'on voit icy dans la Place Royale. Il mourut l'an 1566. âgé de 57. ans.

TADDE'E ZUCCHERO mourut dans la mesme année; Il estoit né dans le Duché d'Urbin; Il a beaucoup peint à Rome, & à Caprarole avec son frere Frederic.

MICHEL-ANGE nasquit dans le païs d'Arrezzo, où son pere & sa mere demeuroient alors. Son pere se nommoit Loüis Buonarroti Simoni, de l'ancienne Maison des Comtes de Canosse. Il s'est rendu si

celebre

celebre dans la Peinture, dans la Sculpture & dans l'Architecture, que son nom vi-
vra eternellement ; Il est le chef de l'Ecole
Florentine, dont la maniere de peindre est
fort differente de celle de Raphaël.

L'excellence de ses figures consiste dans
le Dessein ; On voit peu de petits Tableaux de sa façon ; Ses plus beaux & ses
plus grands ouvrages sont au Vatican dans
la Chapelle Sixte & dans la Chapelle Pau-
line. Pour ce qui est de la Sculpture & de
l'Architecture, les Statuës & les Bâtimens
qu'il a faits à Florence & à Rome, font
juger de ce qu'il sçavoit dans ces beaux
Arts. Il vécut prés de 90 ans, car estant né
l'an 1474, il mourut l'an 1564.

Le Primatice que l'on appelle quel-
quefois Francisque de Boulogne, à cause
qu'il estoit de Boulogne en Italie, & quel-
quefois l'Abbé de saint Martin, a cause
de l'Abbaye de saint Martin de Troyé
dont il fut pourvû, vint en France du
temps de François I. Il avoit beaucoup
peint à Mantoüe sous Jule Romain. Ses
grands ouvrages se voyent à Fontainebleau. Il y a aussi plusieurs Tableaux de
sa main en divers cabinets. Entre les Peintres qui travailloient sous luy, & d'aprés
ses Desseins, les principaux estoient Gio-

van Baptista Bagnacavallo , Ruggieri da
Bologna , Damiano del Balbieri , Prospero Fontana , Nicolo de Modène que l'on
connoist sous le nom de MESSER NICOLO,
& qui surpassoit de beaucoup tous les autres. Tous ses Peintres s'estant fait une
maniere de peindre particuliere & ex pe-
ditive , n'ont pas pris assés de soin de rendre leurs ouvrages accomplis dans toutes
les parties de la peinture.

Avant que ces Peintres Italiens fussent
venus en France , on y travailloit peu
dans le goust d'Italie , & on ne sçait guere
les noms des plus habiles qui s'occupoient
à cet Art , quoy qu'il y en eust assés qui
travaillassent particulierement sur le verre
pour les vitres d'Eglise.

En l'an 1566. HUBERT VAN-EYCK nasquit en la ville de Maseych. il eut un frere
plus jeune que luy qui fut son disciple.
C'est luy qu'on apelle JEAN de BRUGE, qui
trouva l'invention de peindre à huile. Hubert mourut l'an 1426.

En 1470. ALBERT DURE nâquit à Nuremberg , son pere estoit Orfévre. Ayant
appris à graver , & à manier les couleurs d'un certain Hupse Martin, il se mit
à peindre & à graver. Mais en mesme
temps il étudia la Geometrie , la Perspe-

ctive & l'Architecture , & ne commença qu'à l'âge de 27 ans a mettre ses ouvrages en lumiere. Il avoit un beau naturel pour la peinture. Il desseignoit parfaitement les choses comme il les voyoit. Mais il n'a point connu ce qui est necessaire pour les grandes ordonnances , selon la nature des sujets. Il a ignoré le choix qu'il faut faire des plus belles parties ; la noblesse des expressions , les divers accommodemens des draperies ; Et quoy qu'il ait donné des regles pour la Perspective, il ne l'a pas neanmoins pratiquée dans toute son étenduë. N'ayant pas sceu celle qu'on appelle aërienne , ni l'affoiblissement des jours & des ombres ; s'attachant uniquement a bien dessigner les parties d'un Tableau , les finir avec soin , & employer de belles couleurs. Il mourut à Nuremberg l'an 1528. âgé de 58. ans

Dans ce mesme temps Quintin Messus travailloit en Flandre. C'est ce fameux Mareschal d'Anvers à qui l'amour mit les pinceaux à la main , & qui de Forgeron devint un Peintre celebre. Il a fait plusieurs Tableaux dans la ville d'Anvers, entr'autres des portraits. On en voit icy quelques-uns. Ce Peintre mourut l'an 1529.

Joos Van-Clef aussi d'Anvers, faisoit des portraits, & representoit des Banquiers, comme faisoit Quintin. Mais il donnoit plus de force à sa peinture.

Jerôme Bos de Bolduc faisoit des grotesques & des figures bouffonnes. Il y a une tanture de tapisserie de son Dessein dans le garde-meuble du Roy.

Lucas de Leiden vint au monde l'an 1494. Son pere qui se nommoit Hugo Jacob estoit un Peintre mediocre. Il donna à son fils les premiers enseignamens de son Art, & aprés le mit sous Corneille Engelbert Peintre, qui alors avoit quelque reputation. Lucas n'avoit que 9. ans lors qu'il s'adonna à la graveure : Et à 12. ans il commença à peindre. C'est des Peintres Flamans, celuy qui vescut le plus splendidement, & avec la plus grande reputation. Il a fait une infinité d'ouvrages, soit de graveure, soit de peinture. Il mourut âgé de 39. ans l'an 1533.

Bernard Van-Orlay de Bruxelles, travailloit du temps de Raphaël. C'estoit luy qui avoit le soin de faire executer les belles tapisseries qui se faisoient alors pour les Papes, les Empereurs & les Rois, sur les Desseins qui venoient d'Italie ; Il avoit sous luy un nommé Tons grand païsagiste , & Pierre Koeck d'Aloft fort bon Peintre & Architecte.

Le vieux Brugle étoit disciple de Koek.

Jean Holben natif de Basle , travailloit du temps d'Albert & de Lucas ; Sa maniere est toute particuliere. Il a fait plusieurs beaux portraits. Il mourut à Londres l'an 1554. âgé de 56 ans.

Presque dans le mesme temps mourut Jean Mostar Hollandois, qui faisoit des païsages & de petites figures.

Roger Van-der-Vyde de Bruxelle estoit contemporain d'Albert , & un des sçavans Peintres qui parussent alors dans les païs-bas. Il mourut l'an 1529.

Iean Schoorel de Hollande estudia sous Iacob Corneile , & sous Iean Maubuge qui estoit contemporain dé Lucas ; Il voyagea beaucoup en Italie , d'où il passa en Asie. Il avoit plusieurs bonnes qualitez. Il mourut Chanoine d'Utrech l'an 1562.

Matthias Cock d'Anvers estoit en estime pour les païsages. Il mourut l'an 1565.

Lambert Lombart travailloit alors à Liege. Il fut Maistre de Hubert Goltius & de François Floris qu'on appelle d'ordinaire Franc Flore. Celuy-cy des seigna beaucoup d'aprés les Ouvrages de Michel-Ange ; Sa maniere est seiche & & chargée. Il mourut l'an 1570. âgé de 50. ans.

Martin Heemskerke Hollandois estoit disciple de Schoorel. Il mourut l'an 1574. âgé de 76. ans.

Le Titien nâquit à Cador sur les confins du Frioul, d'une famille assez ancienne appellée des Vecelli ; Il estudia d'abord la peinture sous Iean Bellin dont il quitta la maniere, pour suivre celle du Giorgion ; Mais il les surpassa si fort, & tous ceux qui peignoient alors, en ce qui regarde la beauté des couleurs, & l'Art de bien representer la nature, qu'il n'y a point encore eu de Peintres qui ayent esté aussi avant que luy. Il a fait quantité de Tableaux qui se sont répandus par toute l'Europe. Ayant vescu 99. ans, il mourut l'an 1576.

Il avoit un frere nommé François Vecelli qui fut aussi Peintre, & un fils nommé Horace qui fit fort bien des portraits, & qui mourut peu de temps aprés son pere.

Le Titien laissa plusieurs Eleves qui tâchoient d'imiter sa maniere. Entr'autres Nadalino Murano, Damiano M z-

ZA de Padouë, GIROLAMO DA TITIANO,
dont quelques Tableaux ont passé pour
estre du Titien; JEAN CALKER Flamant
qui a fait les figures de Vesale.

PARIS BOURDON a esté de tous les Eleves du Titien, celuy qui a eu le plus de reputation. Son pere estoit un Gentilhomme Trevisan, & sa mere Venitienne. A-
prés avoir travaillé beaucoup à Venise, il
vint en France en 1538. & fit plusieurs
portraits pour François I. & pour toute
la Cour. Mais il s'en retourna à Venise à
quelque temps de là, où il mourut âgé de
75. ans.

LAMBERT ZUSTRUS Flamant estudia
sous le Titien, & a fait des paisages d'une
grande maniere.

ANDRE' SCHIAVON aprés avoir dessei-
gné en sa jeunesse d'aprés les ouvrages du
Parmesan, estudia ensuite d'aprés ceux du
Giorgion & du Titien, & se fit une maniere agreable dans la beauté des couleurs
& le maniment du pinceau; Car pour le
dessein il n'y estoit pas si fort. Aprés avoir
vécu assés pauvrement, il mourut âgé de
60. ans.

Il y avoit alors plusieurs Peintres de
Bresse en Italie, qui tâchoient aussi à se
rendre recommandables entr'autres.

ALEXANDRE BONVINCINO surnommé IL MORETTO, qui dés sa jeunesse estudia sous le Titien, & chercha en mesme temps à imiter la maniere de Raphaël.

GIROLAMO ROMANINO capricieux dans ses inventions, & qui peignit d'une maniere fiere & bizarre.

CALISTO DE LODI qui travailla beaucoup à fraisque & à detrempe.

GIROLAMO SAVOLDI issu d'une des nobles familles de Bresse. Il y a un Tableau de luy à Fontainebleau, où il a peint Gaston de Foix.

LE MUTIAN dont l'on voit des païsages si bien gravez par Corneille Cort, estoit aussi de Bresse. D'abord il estudia sous le Romanino, mais ensuite il s'attacha à la maniere du Titien. Il mourut âgé de 62 ans l'an 1590.

Boniface Venitien fut disciple du Vieux Palme, & l'imita si bien, que souvent les plus habiles avoient de la peine à reconnoistre les ouvrages du disciple d'avec ceux du Maistre. Il estudia aussi d'aprés les Tableaux du Titien. Il mourut âgé de 62. ans.

JACOPO BAROZZI que l'on connoist mieux sous le nom de VIGNOLE mourut en 1573. âgé de 66. ans. Il s'est peu applipliqué à la peinture, s'estant entierement attaché à l'Architecture.

PYRRO LIGORIO Napolitain fit aussi une étude particuliere de l'Architecture, & des choses antiques.

IULIO CLOVIO excellent miniateur, étudia sous Iule Romain. Il mourut à Rome l'an 1578. âgé de 80. ans.

Dans ce temps le BRONZIN travailloit à Florence. Il estoit disciple du Pontorme. Il mourut âgé de 69. ans. Il eut pour disciple ALEXANDRE ALLORI son neveu.

GEORGES VASARI qui a écrit les vies des Peintres, mourut à Florence l'an 1574 âgé de soixante & trois ans. Il avoit beaucoup étudié d'aprés les Desseins de Michel Ange.

IACOPO SEMENTA a peint dans le Cloître de la Trinité du Mont à Rome.

MARCELLO VENUSTO de Mantouë, disciple de Perin del Vague, à fait des Desseins de tapisseries.

MARCO DA FAENZA a peint aussi dans le Cloître de la Trinité du Mont à Rome.

GIROLAMO DA SERMONETA a peint au Vatican dans la Chapelle Sixte.

BARTHOLOMEO PASSEROTTI de Boulogne apprit de Vignole les commencemens du Deſſein.

PROSPERO FONTANI auſſi de Boulogne, a beaucoup peint à Gennes avec Perin del Vague. Il eut une fille nommée LAVINIA, qui peignit auſſi fort bien.

BAPTISTE NALDINO diſciple du Bronzin a peint à Rome dans l'Egliſe de Saint Loüis des François.

NICOLAO DALLE POMERANCIE a fait quantité de Tableaux à Rome.

Pendant que Me. ROUX & le Primatrice peignoient à Fontainebleau, outre quelques-uns que j'ay déja nommez, qui travaillerent avec eux ; Il y en avoit encore pluſieurs autres tant Italiens, Flamans que François, dont les plus conſiderables eſtoient Barthelemy Deminiato, & Laurent Regnaudin Florentins, Francisque Pellegrin, Virgille, & Iean Buron, Claude Baldoüin, Francisque Cachetemier, Iean Baptiste Bagnacavallo, Lucas Romain, Simon le Roy, Charles & Thomas d'Origni ; Loüis, François & Iean Lerambert, Charles Carmoy, Germain Muſnier, Martin de Chartres, Euſtache du Bois, Antoine Fantoſe, Michel Rochetet. Il y avoit auſſi un Peintre en émail , qui en 1553. fit deux Tableaux qui sont à la Sainte Chapelle de Paris , où sont representez Henry II. & la Reine Catherine. Il se nommoit LEONARD LE LIMOSIN.

IANET a fait quantité de portraits sous les regnes de François I. de Henry II. de François II. & de Charles IX.

CORNEILLE de Lion travailloit dans le mesme temps , & estoit en vogue pour les portraits.

Du MOUSTIER faisoit aussi des portraits avec des crayons de couleurs. Il eut un fils qui mourut à Rome vers l'an 1650. & qui travailloit de la mesme maniere.

Un des plus considerables de tous les Peintres François qui parussent alors , a esté Iean COUSIN natif de Soucy proche de Sens. Il a beaucoup peint pour des Vitres d'Eglises. On voit dans la Sacristie des Minimes du Bois de Vincennes un Tableau peint en huile , où il a representé le Iugement universel. Il estoit sçavant dans la Geometrie & dans la Perspective. Il a aussi travaillé de Sculpture. Il vivoit encore en 1589.

Aprés la mort du Primatrice qui fut environ l'an 1570. Toussaint du BREÜIL Peintre du Roy , & ROGER DE ROGERI eurent la conduite des Peintures de Fontainebleau.

ESTIENNE DU PERAC, a aussi travaillé à Fontainebleau & à S. Germain. Il mourut environ l'an 1601.

IACOB BUNEL estoit de Blois. Il peignit avec du Breüil dans la petite Galerie du Louvre, & fit plusieurs Tableaux à Paris.

IEROSME BAULLERY estoit aussi un de ceux qui peignoient au Louvre en ce temps-là.

HENRY LERAMBERT, Pasquier Testelin, Iean de Brie, Gabriel Sonnet, Ambroise du Bois, Guillaume Dumée travailloient tantost au Louvre & aux Tuilleries, tantost à S. Germain, tantost à Fontainebleau.

En Flandre, MICHEL COXIS de Malines fut un des premiers qui peignit de meilleur goust. Il estoit disciple de Bernard Van-Orlay de Bruxelles, & avoit peint à Rome sous Raphaël.

IEAN BOL aussi de Malines vivoit dans le mesme temps, & s'attachoit particulierement à faire du païsage.

PIERRE PORBUS de Bruges mourut en 1588. Il eut un fils nommé François, qui estudia sous Franc Flore. Ce François eut

aussi

auſſi un fils qui a beaucoup peint en France, & a fait de fort beaux portraits. On
en voit a Paris dans l'Hoſtel de Ville.

Antoine More natif d'Utrech,
eſt un des Peintres qui a eu le plus
de reputation dans les païs-bas. Il eſtoit
diſciple de Iean Schoorel.

George Hoefnaghel d'Anvers eſtoit
ſon contemporain, & faiſoit fort bien le
païſage.

Iude Indocus Van-Winghen de
Bruxelles vivoit dans le meſme temps. Il
ordonnoit aſſés bien ſes Tableaux. Il mourut en Alemagne l'an 1605.

Martin d. Vos d'Anvers mourut un
an aprés. Il eſtoit facile en inventions,
& a fait quantité d'ouvrages.

Jean Strada mourut auſſi la meſme
année, âgé de 74 ans. Il eſtoit de Bruges ;
Mais s'eſtant attaché au Duc de Florence,
il demeura toûjours à ſon ſervice, il faiſoit fort bien les chaſſes & les batailles. Il
fut Maiſtre de Tempeſte Florentin.

Bartholome'e Sprangher
eſtoit d'Anvers. Il demeura peu en ſon
païs, & a beaucoup peint en Italie & en
Alemagne.

Michel Ien Mieruert de Delft en
Holande, faiſoit alors des portraits aſſés
eſtimez.   D

A Venise, PAUL-VERONESE paroissoit avec reputation. Il estoit né l'an 1537. Son pere nommé Gabriel Calliari estoit Sculpteur. Ses grands ouvrages sont à Venise. On en voit plusieurs de fort beaux à Paris, principalement dans le cabinet du Roy. Il mourut l'an 1588. âgé de 58. ans. Il laissa deux fils, Charles & Gabriel, & un frere nommé Benedetto qui tous travaillerent de peinture. CHARLES mourut âgé de 26. ans l'an 1596. Son oncle BENEDETTO mourut deux ans aprés, âgé de 60. ans. Quant à GABRIEL, il a vécu jusqu'en 1631. qu'il mourut âgé de soixante & trois ans.

BAPTISTA ZELOTTI estoit aussi de Veronne. Il avoit estudié sous Badille, & travaillé avec Paul-Veronese.

Entre les Peintre de Lombardie, il n'y en a guere dont l'on voye tant d'ouvrages que des Bassans. JACQUES est celuy qui a le mieux fait des Animaux. Il nâquit l'an 1510. Son pere FRANCESCO DA PONTE estoit Peintre, & né à Vicenze, mais il s'alla établir à Bassane. Iacques, aprés avoir receu de son pere les premieres instructions de la peinture, alla à Venise où il estudia sous Boniface Venitien, & ensuite d'aprés les Tableaux du Titien & du

Parmesan. Il mourut l'an 1592. âgé de 82. ans. Il laissa quatre enfans, ausquels il avoit enseigné l'Art de peindre. FRANçois qui estoit l'aisné, & qui surpassa tous les autres, mourut l'an 1594. âgé de 43. ans. LEANDRE qui le suivoit, acheva plusieurs ouvrages qu'il avoit laissez imparfaits. Il mourut l'an 1623. Pour les deux autres, Iean BAPTISTE & IERÔME, ils s'appliquerent particulierement à copier les Tableaux de leur pere. Iean Baptiste mourut dés l'an 1613. & Ierosme l'an 1622.

IACQUES ROBUSTI surnommé LE TINTORET estoit né à Venise. Il estudia d'abord sous le Titien, & ensuite il se fit une maniere particuliere, ayant toûjours neantmoins pour guide Michel-Ange & le Titien. Ses ouvrages se sont répandus par toute l'Europe. Il mourut âgé de 82. ans l'an 1574. il eut une fille nommée MARIETTA TINTORETTA qui peignit fort bien, particulierement des Portraits. Elle mourut âgée de 30. ans l'an 1590.

PAUL FRANCESCHI Flamant, MARTIN DE VOS, & JEAN ROTHAMER furent disciples du Tintoret.

Entre plusieurs autres Peintres qui ont imité ceux de Venise & de Lombardie, l'on peut compter DARIO VAROTARI qui prit l'habit de Carme, Jean CONTARINO, Leonard CORONA, Dominique Riccio, Baptista DEL MORO, Paolo FARINATO, Mario VERDIZOTTI, Marc VECELLI neveu & disciple de Titien.

LORENZINO DE BOLOGNE peignit au Vatican sous le Pontificat de Gregoire XIII.

LIVIO AGRESTI & MARC de Sienne furent Eleves de Perin del Vague.

PELLEGRIN DE BOLOGNE travailla sous Daniel de Volterre, & s'appliqua particulierement à l'Architecture.

GIACOMO ROCCA Romain imita la maniere de Daniel de Volterre, sous lequel il avoit étudié.

FREDERIC BAROCCIO estoit d'Urbin. Il eut un talent particulier pour les sujets de devotion. Il vécut 84. ans, & mourut l'an 1612.

FANCESCO VANNI de Sienne tascha d'imiter la maniere de Baroccio, non seulement dans le goust de peindre, mais aussi dans le choix des sujets. Il mourut l'an 1615 âgé de 47. ans.

ANNIBAL CARACHE estoit fils d'un Tailleur de Bologne qui eut plusieurs enfans. Augustin qui estoit l'aisné, s'adonna

à la peinture & à la Graveure , & Annibal qui estoit le plus jeune , fut mis en ap-
prentissage chez un Orfévre. Mais il en
sortit pour apprendre la peinture sous
Loüis Carache son Cousin. Il ne mit
guere à se perfectionner , estudiant d'a-
prés les meilleurs Maistres de Lombardie, particulierement d'aprés les Tableaux
du Correge dont il suivit d'abord beaucoup la maniere. Lors qu'il eut esté à
Rome, & qu'il eut vû les Antiques & les
Tableaux de Raphaël , il s'attacha davan-
tage au Dessein qu'au coloris. C'est
pourquoy sa premiere maniere est differente de la seconde. Il a de beaucoup sur-
passé son frere & son consin. Il mourut le
15. Juillet 1609. âgé de 49. ans , laissant
des Eleves tres-celebres tels que l'Albane ,
le Guide , le Dominiquin , Lanfranc, Antoine Carache son neveu , le Guerchin &
autres.

ANTONIO MARIA PANICO, & LE TAC-
CONT ont beaucoup travaillé sous Annibal , qui retouchoit souvent leurs ouvrages.

LUCIO MASSARI de Bologne fut aussi
son disciple, & copioit ses Tableaux avec
beaucoup de justesse.

SIXTE BADALOCHIO de Parme fut un des

bons Deſſeignateurs qui travaillaſſent ſous les Caraches.

Auɢᴜꜱᴛɪɴ Cᴀʀᴀᴄʜᴇ s'appliqua particulierement à la graveure. Il a fait auſſi de tres-beaux Tableaux. Il eſtoit verſé dans les belles Lettres, & s'appliqua de bonne heure à la Philoſophie, aux mathematiques, a la Poëſie & à la Muſique. Il mourut avant Annibal l'an 1602. âgé de 43. ans. Il laiſſa un fils nommé Antoine, dont Annibal prit le ſoin, & qui auroit eſté un grand Peintre, mais il mourut âgé de 35. ans.

Mɪᴄʜᴇʟ-Aɴɢᴇ ᴅᴇ Cᴀʀᴀᴠᴀɢᴇ eut une maniere de peindre bien differente de celle des Caraches & de leur Ecole. Il ſe nommoit Mɪᴄʜᴇʟ Aᴍᴇʀɪɢɪ fils d'un Maçon de Caravage en Lombardie. Il s'appliqua particulierement à imiter la nature, & à donner de la force à ſes figures. Mais ſans faire aucun choix du beau ; ſoit dans les ſujets, ſoit dans les diſpoſitions, ſoit dans les actions, ſoit dans les ombres & les lumieres. Il mourut l'an 1609. Entre ſes Eleves, Bᴀʀᴛʜᴇʟᴇᴍʏ Mᴀɴꜰʀᴇᴅᴇ de Mantouë fut un de ceux qui ſuivit le mieux ſa maniere. Il mourut fort jeune.

Cʜᴀʀʟᴇꜱ Sᴀʀᴀᴄɪɴᴏ peignit encore dans le meſme gouſt.

Le Valentin qui estoit François, &
né de Coulommiers en Brie, imita beaucoup le Caravage, & ne fut pas plus judi-
cieux que son Maistre dans le choix & l'e-
xecution des sujets.

Joseph Ribera de Valence dit l'Espa-
gnolet fut encore disciple du Caravage,
de mesme que Gerardo Honsthorst natif d'Utrech.

Joseph Pin travailloit à Rome dans le
mesme temps, mais d'un goust tout opposé
à celuy du Caravage. Comme il avoit la faveur des Papes & des Cardinaux, il eut
beaucoup de vogue pendant sa vie, & fit
quantité d'ouvrages. Son travail estoit ce
qu'on appelle manieré, c'est-à-dire, qu'il
n'estudioit ny l'antique ny la nature, &
suivoit son genie. Il a vescu 80. ans dans
une grande reputation, & mourut au mois
de Juillet 1640.

Le Padoüan estoit un peu plus ancien.
Il mourut sous le Pontificat de Paul V.
âgé de 75. ans. Il a fait de fort beaux portraits, & laissa un fils qui suivit la maniere, & que l'on nomma aussi le Padoüan,
bien qu'il fust né dans Rome. Il vécut 52.
ans.

Le Civoli estoit de ce temps-là. Il
estoit natif de Florence, & avoit estudié

fous André del Sarte. Il eut pour Eleve Domenico Feti de Rome.

Le Jeune Palme neveu de celuy qu'on nomme le Vieux Palme, mourut au commencement du Pontificat du Pape Urbain VIII.

Frederic Zucchero peignit à Capraroles avec son frere Taddée ; Et depuis, estant allé en Flandre, il y fit plusieurs Desseins de tapisseries. Il passa aussi en Angleterre, où la Reine Elisabeth le receut favorablement. Il travailla à l'Escuria du temps de Philippe II. Il mourut âgé de 66, ans.

Cherubin Albert a gravé beaucoup aprés les ouvrages de Frederic Zucchero, & a peint en plusieurs endroits de Rome. Il mourut âgé de soixante & trois ans l'an 1615.

Le Cavalier Passignan Florentin fut disciple de Frederic Zucchero. Il mourut à Florence âgé de 80. ans.

Horace Gentilleschi estoit de Pise, & travailloit du temps du Passignan. Ses Tableaux estoient assez considerez.

Henry Goltius a beaucoup peint, & a fait des portraits à la plume. Il estoit natif du païs de Juliers. Ayant apporté plusieurs Desseins d'Italie, il les grava, &

par ce moyen se rendit considerable. Il mourut l'an 1617.

ADAM ELSHYEME estoit né à Francfort. Il a fait de fort beaux païsages : Comme il les finissoit beaucoup, il s'en voit peu de sa main.

PHILIPPE ANGELI surnommé le Napolitain a aussi esté grand païsagiste.

MATTHIEU & PAUL BRIL travailloient dans le mesme temps à Rome, où ils ont fait quantité de païsages. Matthieu mourut l'an 1584. & Paul en 1626. âgé de 72. ans.

AUGUSTIN TASSE de Bologne estoit Eleve de Paul Bril. Il a fait des païsages, des perspectives, des vaisseaux, des tempestes de mers, & des fruits. Il a peint à Livorne plusieurs façades de maisons ; Et en 1610. il travailla à Gennes au Palais des Adorni.

PIERRE PAUL GOBBO de Cortone travailloit aussi à faire du païsage, & des fruits. On l'appelloit le Gobbo des Caraches.

LE VIOLE disciple des Caraches mourut l'an 1622. Il faisoit fort bien le païsage, & avec beaucoup plus de facilité que le Gobbo. Il eut pour disciple BARTHOMIO LOTO.

L E P E R E M A T T H E O de l'Ordre des Theatins, travailloit à Rome à des perspectives qu'il entendoit parfaitement. Il mourut en 1630.

T E M P E S T E mourut la mesme année ; Il faisoit fort bien des batailles, & avoit un talent particulier à bien representer toutes sortes d'animaux. Il a beaucoup gravé. Ce qu'il peignoit, n'estoit pas si considerable que ses Desseins.

Dans le temps que ces Peintres faisoient du païsage en Italie, il y en avoit aussi plusieurs en Flandre, qui s'y occupoient avec succés. R O L A N D S A V E R I estoit un de ceux-là. Sa maniere estoit finie, mais un peu seche.

H E N R Y C O R N I L L E V R O O M né à Harlem, avoit travaillé en Italie pour le Cardinal de Medicis, & pendant ce temps avoit fait amitié avec Paul Bril. Aprés estre revenu en son païs, il s'adonna à representer des Navires & des Ports de mer.

J O S E P H M O M T P R E d'Anvers passoit aussi pour excellent païsagiste.

Les Peintres qui estoient alors occupés en France aux Maisons Royales, estoient Jean de Hoey, Ambroise du Bois, & Martin Freminet.

De Hoey estoit Hollandois. Il mourut âgé de soixante & dix ans l'an 1615.

Dans la mesme année mourut aussi Ambroise du Bois natif d'Anvers. Il a beaucoup peint à Fontainebleau.

Martin Freminet estoit de Paris. Il travailla long-temps en Italie, & imita la maniere du Caravage, & de Michel-Ange. Aprés la mort de Du Breüil, le Roy Henry IV. le fit venir en France, & luy donna la conduite des peintures de Fontainebleau. Loüis XIII. le continua dans les mesmes employs. Il mourut âgé de 52. ans l'an 1619.

Lerambert & Guiot estoient de Paris. Ils peignoient beaucoup sous le regne de Henry IV. & firent plusieurs Desseins de tapisseries.

François Porbus qui a fait plusieurs portraits à l'Hostel de Ville de Paris, travailloit dans le mesme temps. Il ne survécut Freminet que de trois ou quatre ans.

On voit aussi dans le mesme Hostel de Ville des portraits faits par Loüis Bobrun. Il estoit oncle de Henry & de Charles Bobrun originaires d'Amboise, Loüis eut pour Eleves ses Neveux, & Simon Renard dit S. André.

FERDINAND ELLE de Malines estoit aussi alors en reputation pour les Portraits. Il a laissé deux Fils, Loüis & Pierre aussi Peintres.

Il y avoit encore un Peintre Hollandois nommé VRAINS qui a fait des Tableaux dans l'Hostel de Ville de Paris.

JEAN LE CLERC de Nancy mourut en 1633. âgé de 45. à 46. ans. Il avoit long-temps travaillé en Italie sous Charles Venitien.

VARIN d'Amiens a fait le Tableau du grand Autel des Carmes-deschaussez. M. Poussin avoit travaillé sous luy.

BLANCHART a fait plusieurs ouvrages. Il peignit pour M. de Bullion Sur-inten-dant des Finances, la Gallerie basse de sa Maison. La partie qu'il possedoit le plus, estoit le Coloris. Il mourut en 1638. Il avoit un frere aussi Peintre, qui est mort depuis.

SIMON VOÜET premier Peintre du Roy estoit de Paris. Lors qu'il fut en Italie, il imita au commencement la maniere de Valentin. Il avoit alors auprés de luy Charles MESLIN dit le Lorrain. Depuis qu'il fut en France, il eut plusieurs Eleves, entr'autres Pierre Mignard, Loüis du Guernier, le Note, de l'Estain,

Charles

Charles le Brun , Chapron , le Sueur , Corneille , Hanfé , Du Mouftier , les Bernards , Tortebat, d'Origny , du Fref-noy , Noël Quillerié , Nicolas Nivet , Remy Vuibert , le Frere Joseph Füeillant , Charles Perfon , Jacques Belly , Charles Dauphin, outre plufieurs autres Peintres qui travailloient fous luy aux païfages & aux ornemens. Simon Voüet eut deux freres qui furent auffi Peintres , AUBIN & CLAUDE. Simon mourut en 1649. Sa premiere fem-me nommée Virginia de Vezzo de Veltri peignoit affés bien, Melan , a gravé fon portrait.

Il y avoit en Flandre & en Hollande quantité de Peintres qui peignoient toutes de fujets.

VOLFAR faifoit des gueuferies ; Vanmol eftoit fon Difciple.

VAMBALE qui a traité toutes fortes de fujets d'Hiftoires. Jean ROTENHAMER de Munick en BAVIERE, difciple du Tintoret, & STABEN qui travailloit en petit. M. le Note a un Tableau de luy , où eft repre-fenté un Cabinet de Curieux , remply de divers Tableaux tous fort finis.

PIETRE NOEFS Hollandois pere & fils ont travaillé à reprefenter des perfpétives. Le pere a furpaffé le fils. Il y avoit auffi dans le même temps. STENUIX qui peignoit fort bien l'Architecture, & particulierement des nuits & des lieux éclairez par la lumiere de quelques flambeaux. Il a aussi eu un fils Peintre.

BRAW Hollandois a peint des tableaux d'Yvrognes, & de preneurs de tabac. Teniers d'Anvers a imité sa maniere. Braw mourut à Anvers dans la fleur de son âge vers l'an 1640. comme aussi BOTH ou BOHE qui a bien fait le païsage.

Mais celuy qui avoit alors la plus grande reputation dans les païs bas, estoit PIERRE PAUL RUBENS. Il a travaillé en Italie, en France, en Espagne, en Angleterre & en Flandre. Il estoit disciple d'OTTO VENIUS de Leyde, qui a fait les figures des Emblemes d'Horace. Rubens mourut l'an 1640. Il avoit auprés de luy un nommé WILDENS qui faisoit les païsages de ses Tableaux, & qui mourut quatre ou cinq ans aprés.

ANTOINE VANDEICK a excellé dans les portraits. Il mourut à Londres l'an 1640. âgé de 43. ans.

THÉODORE RAMBOURS mourut en 1642.

Vers le mesme temps mourut à Anvers le jeune BRUGLE fils de Pierre, Il a fait toutes sortes d'ouvrages , des Histoires en petit , des païsages , des animaux , & sur tout faisoit fort bien les fleurs.

BAMBOCHE Holandois dont les tableaux sont assez connus , vivoit encore alors. Il se nommoit DES LARTS.

Le petit MOÏSE Hollandois peignoit dans la maniere de Corneille Polembourg. Il mourut vers l'an 1650.

GERARD ZEGRES, ou SEGERS d'Anvers travailloit en ce temps-la. Le Pere DANIEL ZEGRES Jesuite qui a fort bien peint des fleurs , estoit son frere. Ce dernier est mort environ l'an 1660, comme aussi BARTHOLOME'E BRIEMBERG , & ASSELIN dit PETIT JEAN Hollandois, qui ont bien fait le Païsage.

ERT-VEST d'Anvers a fait des mers & des batailles de mer.

CORNEILLE POLEMBOURG d'Utrech peignoit en petit agreablement tant ses figures que le païsage. Il est mort dans le mesme temps âgé de 74. ans.

GASPARD CRAER mourut vers l'an 1666.

SNEIDRE mourut quelques années aprés. Il faisoit fort bien les animaux morts & vivans.

RIMBRANS faisoit fort bien des

portraits, & d'une maniere tres-particu-
liere, n'estant que touchez fortement. Il
mourut vers l'an 1668. & Loüis Cousin,
dit Gentil de Bruxelles environ deux ans
aprés., de mesme que Vauvremens Hollandois dont l'on voit tant de Tab-
bleaux.

Girard d'Aw Holandois a bien peint
les petites figures, & entendoit parfaitement les lumieres & les ombres.

En Italie, le Dominiquin mourut l'an
1641. âgé de 59. ans. Il fut un des plus sçavans Eleves des Caraches. André Ca-
masse'e a esté un de ses meilleurs Eleves.

En 1642. Le Guide aussi Eleve d'Annibal Carache, mourut âgé de 67. ans. Il
estoit de Boulogne, & a peint d'une maniere gracieuse.

Depuis moururent Charles Meslin
dit le Lorrain Eleve de Voüet, & qu
avoit beaucoup travaillé à Naples.

Jean Benedict Castillon, dit le Benedette, ou Le Genovese.

Vanude Romain païsagiste, La Mar
François qui faisoit des portraits, Pietr
Teste abondant, mais bizarre dans se
inventions, Montagne de Venise qui
parfaitement bien fait des mers & des nau
frages.

FRANÇOIS-ALBANE de Boulogne aussi disciple des Caraches, ayant vescu 82 ans, mourut en 1660. Il eut pour disciples PIER-FRANCESCO MOLA, & GIO. BATTISTA MOLA qui a fort bien fait le païsage & les figures, mais d'une maniere moins tendre & gracieuse que celle de son Maistre.

LE CAVEDONE Boulonnois disciple des Caraches, mourut aussi en 1660.

AUGUSTIN METELLI de Boulogne mourut la mesme année. Il estoit sçavant dans la perspective, & peignoit fort bien les ornemens d'Architecture.

FRANCESCO BARBIERI d'ACIENTO, dit le GOERCHIN disciple des Caraches, mourut vers ces temps-là. Il travailloit d'une maniere obscure, & n'a pas esté le plus agreable de cette Ecole.

FRANÇOIS ROMANELLE de Viterbe, disciple de Pietre de Cortone, a peint au Louvre & au Palais Mazarin vers l'an 1650 Il ne vescut pas long-temps, aprés estre retourné en Italie.

Vers ce temps-là mourut à Modene BOULANGER, François, qui a peint dans le Palais du Duc de Modene, & dans divers autres lieux.

LE MANCHOLE Flamant faisoit des batailles & des païsages. Il y en a de luy à Vincennes.

Nicolas Poussin natif d'Andely, mourut à Rome l'an 1665. âgé de 70 ans. Il n'y a guere eu de Peintres qui ayent esté aussi sçavans que luy dans la peinture. L'on voit icy quantité de ses ouvrages de sa premiere, seconde & derniere maniere.

Gaspre Duchet beau-frere du Poussin, tâchoit de l'imiter dans le païsage, & en a fait de fort beaux. Il est mort peu de temps aprés luy.

Jean Dominique Eleve de Claude le Lorrain, faisoit le païsage dans la maniere de son Maistre.

Andre Sacchi, autrement Andre' Ouchi, a esté en reputation à Rome. Il estoit disciple de l'Albane, & a peint au Palais Barberin, comme a fait aussi Andre' Camace'e disciple du Guide qui estoit habile, & qui a aussi peint à S. Jean de Latran.

Pietre Beretino dit le Cortone, a beaucoup peint en Italie. Il estoit agreable dans ses ordonnances, & gracieux dans son coloris. Son travail estoit un peu manieré, il mourut en 1669. âgé de soixante & dix ans.

Cleante & Velasque Peintres Espagnols ont fait divers ouvrages. Il y a dans le Cabinet du Roy un païsage accompagné de figures de la main de Cleanthe. Et dans les appartemens bas du Louvre où logeoit la feuë Reine, il y avoit divers portraits faits par Velasque.

ALEXANDRE VERONESE Genois , peignoit assez bien l'Histoire.

DOMINIQUE & MATTHIEU BOURBON de Boulogne faisoient des perspectives & de l'Architecture. Ils ont beaucoup travaillé à Lion & en Avignon.

SALVATOR ROSE dit SALVATORIEL , estoit Napolitain. Son principal talent estoit de peindre des batailles , n'estant pas agreable dans les autres sujets. Il faisoit assez bien les ports de mer & les païsages , neantmoins toûjours d'une maniere bizarre & extraordinaire. Il estoit d'une conversation agreable , imaginitif , & faisoit des Vers. Il mourut vers 1673.

Le Cavalier CALABRESE a travaillé à S. André de Laval , & peignoit assés bien les figures.

MARIO DE' FIORI de Rome , faisoit fort bien des Fleurs. Il est mort en l'année 1676.

MICHEL del Campidoglio estoit mort quelques années auparavant. Il faisoit aussi des fleurs & des fruits , & a laissé des fils qui sont Peintres.

LABRADOR, & de SOMME faisoient fort

bien les fruits , de mesme que Michel-Ange des batailles.

Fioravente Venitien , & le Maltois estoient en reputation pour les tapis, instrumens & vaisselles.

Dauphin disciple de Voüet, est mort depuis deux ans à Turin , où il peignoit.

Dominique Bartere de Marseille qui a gravé à Rome plusieurs ouvrages d'aprés le Dominiquin. Et le Falda Milanois qui a aussi gravé plusieurs veuës d'Eglises & de Palais , sont morts l'an 1678.

Quelques années aprés la mort de M. Voüet, plusieurs Peintres inquietez dans l'exercice de leur profession par les Maistres Peintres de Paris , s'unirent ensemble , & formerent une Academie qui fut authorisée du Roy , & qui receut de Sa Majesté une protection favorable. D'abord elle fut gouvernée par douze Anciens, & eut pour Chef M. de Charmois amateur des beaux Arts , lequel par ses soins & par son credit avoit beaucoup contribué à son établissement. Ensuite le Roy donna un logement à Ceux qui composoient l'Academie pour faire leurs assemblées ; leur accorda des privileges , les gratifia d'une pension , & agrea le choix qu'ils avoient fait de la personne de Mr. le Cardinal-

Mazarin pour leur Protecteur, & de celle de Mr. le Chancelier Seguier pour Vice-protecteur.

Aprés la mort de Mr. le Cardinal, Mr. le Chancelier fut Protecteur, & Mr. Colbert Vice-protecteur ; Et lorsque la mort de Mr. le Chancelier arriva en 1672. Mr. Colbert voulut bien honorer de sa protection l'Academie, qui sentit cette faveur avec d'autant plus de joye que dés le temps qu'il en fut Vice-protecteur, elle avoit receu des marques de l'affection singuliere qu'il a pour les Arts & pour les Sciences. Ce qu'il a continué depuis avec tant de bonté, que c'est par ses soins & par les nouvelles graces qu'il luy a procurées, qu'elle s'est renduë la plus florissante & la plus celebre qui ait encore esté. Mr. le Marquis de Seignelay agrea aussi la Vice-protection peu de temps aprés.

L'Academie fut donc gouvernée dans son origine par un Chef qui ne faisoit pas profession d'estre Peintre, & par douze Anciens qui faisoient la Charge de Professeurs. Mais depuis les nouveaux Statuts & les derniers reglemens, elle se trouve composée, aprés la personne du Protecteur & du Vice-protecteur, d'un Directeur, d'un Chancelier, de quatre Recteurs, de douze Professeurs, d'Ajoints à Recteurs, d'Ajoints à Professeurs, de Conseillers, d'un Secretaire, de deux autres Professeurs; l'un pour l'Anatomie, & l'autre pour la Geometrie & la Perspective, & deux Huissiers. Mr. de Ratabon remplissoit la Charge de Directeur lors qu'il mourut.

Quand l'Academie reçoit quelqu'un, il est admis dans la Compagnie pour Peintre ou pour Sculpteur. Et les Peintres sont receus selon le talent qu'ils ont dans la peinture; Distinguant par les Lettres qu'elle donne, ceux qui travaillent à l'Histoire, d'avec ceux qui ne font que des portraits, ou des batailles, ou des païsages, ou des animaux, ou des fleurs, ou des fruits; ou bien qui ne peignent que de miniature, ou qui s'appliquent particulierement à la graveure, ou à quelque autre partie qui regarde le Dessein.

Ceux qui ont esté du Corps de l'Academie, & qui font morts depuis son établissement, sont

MARTIN de CHARMOIS sieur de Lauré Conseiller du Roy en ses Conseils, Chef de l'Academie Royale de peinture & de sculpture. Le grand amour qu'il avoit pour ces beaux Arts, l'attachoit si fort à ces nobles exercices, qu'il en acquit non seulement la Theorie, mais aussi la pratique, travaillant également bien de peinture & de sculpture.

EUSTACHE LE SUEUR fut dés le commencement de l'Academie un des Anciens. Il estoit de Paris, & avoit travaillé long-temps sous M. Voüet. Bien qu'il n'eust point sorty de France, il a neantmoins fait des ouvrages d'un excellent goust; On en voit en divers endroits de Paris. Un des plus considerables est le petit Cloistre des Chartreux, où il a peint l'Histoire de S. Bruno.

LOÜIS TESTELIN de Paris estoit aussi un des Anciens, & fut Professeur aprés que les premiers Statuts eurent esté changez, & qu'on y eut ajoûté de nouveaux reglemens. Les Tableaux qu'on voit de luy à Nostre-Dame de Paris, sont des plus beaux qu'il ait faits.

THOMAS PINAGER faisoit assez bien le païsage.

ARMANT SVANVELT estoit aussi païsagiste.

FRANÇOIS PERIER de S. Jean de Laune dans la Franche Comté, aprés estre arrivé de Rome en 1630. travailla quelque temps sous M. Voüet. Ensuite il retourna à Rome, d'où estant revenu pour la se-

conde fois, il peignit la Gallerie de l'Hostel de la Vrillere. Il trauailla au Rinci, &
fit plufieurs autres ouvrages à Paris. Il eft
mort Profeffeur dans l'Academie.

Hanse fut auffi un des anciens dans
l'Academie ; Il faifoit fort bien des portraits de miniature, & d'un travail fort
agreable. Il eftoit en vogue à la Cour.

Simon Guillin mourut en Decembre
1658.

Laurent de la Hire mourut à la fin
de la mefme Année. Il eftoit de Paris, où
il avoit toûjours travaillé ; Il entendoit
fort bien l'Architecture & la Perfpective ;
peignoit avec beaucoup d'amour & de
foin, accompagnant fes figures de bafti-
mens & de païfages agreables. On voit
quantité de fes Tableaux dans les Eglifes
de Paris, & dans plufieurs Hoftels &
Maifons particulieres. Il exerça la Charge d'Ancien dans l'Academie.

Loüis du Guernier travailloit de miniature, mais d'une maniere differente de
celle de Hanfe. Il deffeignoit beaucoup
mieux, & fes portraits avoient une parfaite reffemblance. Il fut auffi Ancien
dans l'Academie, & mourut en 1659. Il
auoit des freres plus jeunes que luy, qui
ont auffi peint de miniature. Alexandre
qui

qui s'appliquoit beaucoup au païsage, mourut avant luy, & Pierre qui a aussi fort bien fait des portraits, est mort depuis quatre ou cinq ans.

Jacques Sarazin Peintre & Sculpteur fut aussi un des Anciens, & exerça la Charge de Recteur. Ses ouvrages de sculpture sont considerables. Il mourut en Decembre 1660.

Nicolas de Plate-Montagne mourut la mesme année. Il faisoit fort bien des mers, & du païsage.

Les Nains freres, peignoient des Histoires & des portraits, mais d'une maniere peu noble; representant souvent des sujets pauvres.

Blanchart Peintre travailloit à l'Histoire.

Vanmol peignoit aussi des Histoires, & faisoit des portraits.

Michel Dorigni estoit de S. Quentin, & disciple de M. Voüet, duquel il avoit épousé une des filles. Il a peint dans les appartemens du Chasteau de Vincennes. Il a aussi beaucoup gravé d'aprés les Tableaux de son beau-pere. Lors qu'il mourut en Février 1665, il exerçoit la Charge de Professeur dans l'Academie.

Lanse faisoit du païsage, des fleurs & des fruits.

F

Le Moine peignoit aussi des fleurs & des fruits.

Le Bicheur estoit Professeur. Il peignoit fort bien les perspectives, & en a fait imprimer un Livre. Il mourut l'an 1666.

Charles Person Lorain a esté Recteur. Il a beaucoup peint pour des tapisseries. Sa maniere tenoit de celle de Voüet dont il estoit Eleve. Il est mort en 1967.

Moellon travailloit aussi à des Histoires pour des tapisseries.

Poissan Sculpteur mourut en l'année 1668.

Nicolas Mignard natif de Troye & dit d'Avignon, à cause qu'il y avoit pris femme, & s'y estoit étably, a fait quantité de beaux ouvrages. Il a peint un des appartemens des Tuilleries. Il estoit Recteur lors qu'il mourut en 1668.

Vanobstat Flamant faisoit la mesme fonction dans l'Academie. Il estoit Sculpteur, & particulierement estimé pour les bas reliefs. Il mourut la mesme année.

Noel Quillerie a aussi peint dans un cabinet des Tuilleries, & est mort Adjoint à Professeur en May 1669.

BARTHELEMY de Fontainebleau étoit aussi Peintre, & mourut la mesme année.

NICOLAS DU MOUSTIER de Paris, peignoit particulierement des portraits.

VANLO Peintre Hollandois.

CLAUDE VIGNON de Tours s'est beaucoup distingué entre les Peintres par sa maniere toute particuliere. Le nombre de ses ouvrages est tres-grand, parce qu'il travailloit avec une merveilleuse promptitude. Il mourut Professeur en 1670.

GERVAISE mourut la mesme année. Il a peint aux Tuilleries.

LOÜIS LERAMBERT Sculpteur & Professeur, mourut aussi en 1670.

LE GENDRE aussi Sculpteur & Professeur, mourut la mesme année.

GREGOIRE HURET Graveur, mourut aussi à la fin de la mesme année.

SEBASTIEN BOURDON de Montpellier, travailloit d'une maniere aisée & expeditive; Il avoit beaucoup de feu, mais n'estoit pas si correct, & ne finissoit pas ses ouvrages autant qu'il eust esté à desirer. Cependant l'on voit dans ses premiers tableaux un jeu de couleurs qui plaist a la veüe. Ce qu'il a fait de plus considerable est la gallerie de M. de Bretonvilliers dans l'Isle Nostre-Dame. Il a aussi peint un des appartemens des Tuilleries, mais ces derniers ouvrages ne sont pas les plus beaux qu'il ait faits. Il avoit esté Ancien dans l'Academie, & est mort Recteur en Mars 1671.

Nocret estoit de Loraine. Il y a plusieurs Tableaux de sa main dans un des appartemens des Tuilleries. Sa maniere estoit fraische & agreable; Il estoit Recteur lors qu'il mourut en 1672.

Michel Corneille fut aussi Ancien & Recteur dans l'Academie. Il avoit travaillé sous Voüet, & a fait quantité d'ouvrages.

Simon François natif de Tours a esté Ajoint à Professeur. Il avoit travaillé à Bolougne en Italie du vivant de Guide; Et comme il le frequentoit beaucoup, Il tâchoit aussi d'imiter sa maniere. C'est de luy le Tableau du grand Hostel de l'Institution des Peres de l'Oratoire, & celuy du grand Autel des Incurables.

Loüis Boulogne a exercé la Charge de Professeur. Il a peint quantité d'ouvrages. Un des derniers & des plus considerables est le plafond d'un cabinet, qu'il fit peu avant sa mort dans la maison de M. Le Menestrel alors Tresorier des Bastimens, où Geneviéve & Magdelaine de Boulogne ses filles travaillerent aussi. Il mourut en Juin 1674.

Philipes de Champagne de Bruxelles a esté Ancien & Recteur dans l'Academie. Il a fait quantité d'ouvrages dans plusieurs Eglises, & dans les Maisons Royales. Il est mort âgé de soixante & douze ans en 1674.

Henry Gissey mourut la mesme année. Il estoit Desseignateur pour les Balets du Roy.

Le Fe'vre de Fontainebleau travailloit aux portraits. Il fut Ajoint à Professeur, & mourut aussi en 1674.

Mathieu, Anglois de naissance, peignoit aussi des portraits, & a beaucoup travaillé aux Gobelins.

Bertholet Flemael de Liege, a fait la Charge de Professeur. Il y a un Tableau de sa main au plafond de la grande Chambre du Roy au Palais des Tuilleries. Il est mort Chanoine de Liege.

Popliere de Troye peignoit de miniature.

Jean Varin Intendant des Bastimens, & Maistre de la Monnoye, a esté excellent à bien faire les poinçons & les carrez pour les Medailles, comme on peut voir par celles qu'il a faites pour le Roy.

HERARD Sculpteur gravoit aussi pour des Medailles, & mourut en 1675.

GEORGE CHARMETON de Lion estoit Eleve de Stella. Il peignoit l'Histoire ; mais son principal talent estoit pour les ornemens dans les plafonds, particuliere-ment pour l'Architecture. Il mourut en 1676.

FRANÇOIS CHAVEAU de Paris, mourut la mesme année. Il estoit Eleve de Laurent de la Hyre, & Conseiller dans l'Academie où il avoit esté receu comme Graveur. Il estoit considerable par la grande facilité qu'il avoit à inventer des sujets, les bien disposer & desseigner agreablement. Il ne gravoit qu'à l'eau forte, & a fait quantité d'ouvrages de son invention, & d'aprés plusieurs Maistres.

BALTAZAR MARCY de Cambray, Sculpteur, a esté Ajoint à Professeur.

HENRY BOBRUN avoit esté Ancien, & Conseiller dans l'Academie depuis les nouveaux Statuts. Il a fait un grand nombre de portraits de toute la Cour où il étoit en vogue. Il faisoit la Charge de Treso-rier de l'Academie, lors qu'il est mort en 1677.

SIMON RENARD dit S. André, de Paris,

mourut la mesme année, & travailloit particulierement aux portraits.

EKMAN de Paris travailloit fort bien de miniature, & ordonnoit des compositions d'Histoires. Il est mort aussi en l'année 1677.

GILLES GUERIN de Paris, Sculpteur a esté ancien Professeur, & est mort en l'année 1678.

NICASUIS est mort dans la mesme année. Il peignoit fort bien des animaux.

LE FE'VRE qu'on appelloit de Venise, avoit esté receu dans l'Academie pour les portraits ; Mais ayant voulu y entrer comme Peintre d'Histoire, il rendit ses Lettres, & se mit avec les Maistres. Estant Allé en Angleterre en 1676, il mourut, lors qu'il se disposoit à revenir en France.

ABRAHAM BOSSE de Tours, avoit donné des leçons de perspective dans l'Academie, mais il s'y conduisit d'une maniere qui l'en fit sortir. Il estoit excellent Graveur, & s'il fust demeuré dans ce seul état, il eust acquis plus de reputation & de bien qu'il n'a fait, en voulant se rendre considerable par les pensées & les Livres du sieur Desargues, qu'il a mis au jour.

QUANT aux Peintres qui n'estoient pas de l'Academie, & qui sont morts depuis son établissement.

Georges l'Allemant de Nancy, est un de ceux dont on voit beaucoup d'ouvrages. Il a fait quantité de desseins pour des tapisseries, & plusieurs Tableaux dans des Eglises.

Daniel du Moutier Peintre du Roy, faisoit des portraits au pastel.

La Richardiere faisoit des portraits de miniature.

Pierre Brebiette de Mante, a aussi peint & gravé à l'eau forte.

Daniel Rabel peignoit & gravoit aussi.

Jean Monier de Blois avoit estudié en Italie sous le Passignan. Il a peint à Chartres dans l'Evesché, & en beaucoup d'autres endroits. Il mourut en l'année 1656.

Nicolas Chaperon de Châteaudun, Peintre, disciple de Voüet, demeura long-temps à Rome, où il grava les loges de Raphaël.

Jacques Stella de Lion mourut à Paris l'an 1657. Il avoit beaucoup peint en Italie. Il y a un Tableau de luy au Noviciat des Jesuites, à l'opposite de celuy de Voüet. il eut un frere plus jeune que luy, nommé Jean qui estoit aussi Peintre, & qui mourut dix ans avant luy.

JEAN LE MAIRE de Dammartin , fur-
nommé le Gros le Maire , eſtudia d'abord
ſous Vignon , & enſuite alla à Rome.
Il a fort bien fait les perſpectives , c'eſt
de luy celle de Ruël. Il mourut l'an 1659.
âgé de 61. an.

JACQUES FOUQUIERE eſtoit excellent
pour le païſage. Il eut un diſciple nommé
RENDU , qui a imité ſa maniere.

BELIN eſtoit Eleve de Fouquiere. Il a
beaucoup travaillé aux païſages.

GUILLEROT diſciple de Bourdon , a auſſi
fait le païſage.

BAUGIN a fait des Tableaux en divers
endroits , & pluſieurs Deſſeins de tapiſſe-
ries.

VAMBOVCLE peignoit parfaitement bien
les Animaux ; Et quoy qu'il ſe fiſt bien
payer , il a toûjours veſcu pauvre , &
eſt mort à l'Hoſtel-Dieu.

ALFONSE DU FRESNOY de Paris , diſciple de Voüet , demeura long-temps
à Rome , où il étudia d'abord toutes les
manieres de peindre , en cherchant une à
laquelle il cruſt devoir s'attacher. Il eut
plus d'amour pour celle de Lombardie
que pour les autres , particulierement pour
les ouvrages de Titien , & pour ceux des
Caraches. Il ſçavoit fort bien les regles

& les maximes de son Art : Mais ses grandes speculations l'empêchoient de produire facilement. Aussi a-t-il laissé peu d'ouvrages. Il a écrit en Vers Latins un Traité de peinture, qui est le fruit de ses longues méditations.

GRIBELIN a fait des portraits de Pastel, & estoit assés en vogue lors qu'il est mort.

FRANCART estoit entendu pour les ornemens & pour les decorations de Theatre.

COURTOIS Bourguignon faisoit assez bien le païsage.

LA FLEUR natif de Loraine, faisoit des fleurs de miniature.

PATEL peignit agreablement le païsage. Sa maniere estoit finie & un peu seiche, mais agreable.

DE CANI estoit aussi païsagiste.

COTELLE de Meaux avoit travaillé sous Guiot. Il estoit intelligent & pratique dans les ornemens. Il a peint aux Tuilleries, il est mort en 1676.

MICHEL-ANGE natif de Volterre en Italie, mourut la mesme année. Il peignoit fort bien à fraisque.

BOULE faisoit des animaux, & estoit

diſciple de Sneydre, dont il avoit épouſé *la Veuve*.

MONTBELIARD de la Franche Comté, peignoit fort bien en petit.

QUANT aux Peintres, Sculpteurs & Graveurs qui travaillent aujourd'huy en France, ceux qui compoſent l'Academie Royale, ſont ou Officiers, ou Academiciens.

CHARLES LE BRUN premier Peintre du Roy, exerce la Charge de Chancelier & de Recteur.

MICHEL ANGUIER de la ville d'Eu, & FRANÇOIS GIRARDON de Troyes, Sculpteurs, ſont auſſi Recteurs.

Les Adjoints à Recteurs ſont,

NICOLAS LOYR de Paris, Peintre & Profeſſeur.

GASPARD MARCY de Cambray, Sculpteur.

Les Conſeillers profeſſeurs.

CHARLES BOBRUN Peintre, & Treſorier de l'Academie.

PHILIPPES BYISTEL Flamant, Sculpteur.

GILBERT DE SEVE Peintre.

BERNARD de Paris, Peintre.

HENRY MAUPERCHE Peintre païſagiſte.

FERDINAND, de Paris, Peintre pour les portraits.

Jacques Buiret Parisien , Sculpteur,
Noel Coypel Peintre.

Les Professeurs.

Henry Testelin de Paris , Peintre,
Secretaire de l'Academie.

Thomas Regnaudin de Moulins ,
Sculpteur.

Antoine Paillet de Paris , Peintre.

Baptiste de Champagne de Bruxelles
Peintre.

Pierre de Seve de Moulins , Peintre.

Blanchart de Paris , Peintre.

Charles de la Fosse de Paris, Peintre.

Martin des Jardins de Breda, Sculpteur.

Estienne le Hongre de Paris , Sculpteur.

Coyzevaux de Lion , Sculpteur.

Les Adjoints à Professeurs,

Corneille de Paris , peintre,
Raon de paris , Sculpteur,
Houasse peintre.
Baptiste Tubi Romain , Sculpteur,
Avdran de Lion , peintre.
Jean Jovvenet de Roüen , peintre.

PIERRE

Pierre Monier de Blois, peintre.

Conseillers.

Migon, professeur en Geometrie & perspective.

Gilles Rousselet, de Paris, Graveur.

Yvart, de Bologne en Picardie, peintre.

François Tortebat de Paris, peintre.

Rabon du Havre, peintre pour les portraits.

Israel Sylvestre Graveur.

Jacques Friquet de Troye, peintre & professeur pour l'Anatomie.

Nicolas Baudesson de Troyes, peintre pour les fleurs.

Gerard Edelink d'Anvers, Graveur.

Les autres peintres de l'Academie qui ont aussi esté receus selon leur principal talent, & suivant leur reception, sont

Le Maire peintre pour les poutraits.

Jacques Rousseau peintre pour les païsages.

Nicolas Montagne de Paris, peintre.

Laminois peintre.

De Namur de Paris, peintre.

Weusgle Flamant, Peintre.

Jacques Bailly de Grace en Berry, peintre pour les fleurs.

GUILLAUME CHASTEAU, Graveur.

GUILLAUME VALET de paris, Graveur,

ESTIENNE PICART Graveur.

PIERRE DU PUIS de Montfort Lamaury, peintre pour les fruits.

HUILLOT de paris, peintre pour les fruits & les fleurs.

SARRAZIN de paris, Sculpteur.

BENOIST MASSOV de Richelieu, Sculpteur.

BAPTISTE MONNOYE' de Lisle en Flandre, peintre pour les fleurs & les fruits.

ANTOINE BOUSONNET STELLA de Lion, peintre.

PIERRE LE GROS de Chartres, Sculpteur.

LAURENT MANIER de Paris, Sculpteur,

VIGNON de paris, peintre.

HUTINOT parisien, Sculpteur.

MAZELINE de Roüen, Sculpteur.

HERAULT de paris, peintre pour le païsage.

HALLIER peintre pour les portraits.

GARNIER de Meaux, peintre pour les portraits.

LESPAGNANDEL, Sculpteur.

BOURGUIGNON, Peintre pour les Portraits.

PAUL MIGNARD d'Avignon, peintre pour les portraits.

LALLEMANT Peintre.

FRANÇOIS LE CLERC de Nancy, Graveur.

COTELLE parisien, peintre.

VANDERMEULIN, Flamant, peintre pour les batailles & païsages.

ARMAND, Lorain, p. pour les païsages.

LOMBART, Graveur.

GIRARD AUDRAN de Lion, Graveur.

ESTIENNE BAUDET, de Blois, Graveur.

JEAN NOCRET de Paris, peintre pour les portraits.

DE TROIS, Peintre.

JEAN CORNEILLE parisien, peintre.

FRANÇOIS BONNEMERE de Falaise en Normandie, peintre.

GEORGE FAUCUS, de Chasteaudun peintre pour le païsage.

TIGER de Normandie, peintre pour les portraits.

LAMBERT, Peintre pour les Portraits.

LE CONTE de Boulogne, Sculpteur.

FREDEMONTAGNE de Paris, peintre pour le païsage.

FRANÇOIS LESPINGOLA de Paris, Sculpteur.

MARC NATTE' de Paris, Peintre pour les portraits.

CHARLES JEAN FRANÇOIS CHERON,

Lorain, Sculpteur pour les Medailles.

PAROSSEL, Provençal, peintre pour les batailles.

DELAMAR Peintre pour les portraits.

BOULOGNE de Paris, Peintre.

ALLEGREIN Peintre pour les païsages.

LOYR Orfévre, Graveur.

Ceux de l'Academie qui sont absens.

CHARLES ERARD Peintre.

GIRARD GOSSELIN Peintre pour les fleurs.

MICHELIN Peintre.

DU BOIS Peintre pour le païsage.

DAGAR Peintre pour les portraits.

GENOÜIL Peintre pour le païsage.

EUDE Peintre.

VERDIER de Paris, Peintre.

L'ACADEMIE a aussi donné des Lettres à des femmes & à des filles, qu'elle a jugées merirer cette marque de l'estime particuliere qu'on en doit faire.

CATHERINE DU CHEMIN femme de François Girardon, Sculpteur & Recteur dans l'Academie, a eu ses Lettres d'Academicienne, en consideration de ce qu'elle peint parfaitement les fleurs.

GENEVIEFVE & MAGDELAINE BOULOGNE sœurs; pour le païsage, les fleurs & les fruits.

* Cheron, pour les portraits.

* Stresor, à cause qu'elle peint fort bien en miniature.

Les Peintres qui travaillent à Paris, & qui ne sont pas de l'Academie.

Claude Melan d'Abbeville, Peintre & Graveur.

Pierre Mignard de Troyes, dit le Romain.

Villequin, de Brie.

Philippes de la Hyre de Paris.

Boete de Châteaudun.

Vernansel de Fontainebleau.

Damoiselet de Paris.

De Cani.

Perelle l'aisné.

Clermont, de Chartres, Eleve du Sueur.

Dieu pour les portraits.

Le Fevre de Fontainebleau pour les portraits.

Bourson de Genes, pour les païsages & Marines.

Forest pour le païsage; Il estoit de l'Ademie, mais il en est sorti, & s'est mis avec les Maistres.

Collandon de Normandie, pour le païsage.

De Cannes de Paris, pour le païsage.

G üj

Francisque Milet Flamant, païsagiste.

Routard pour les Chasses, les païsages, & les fleurs.

Lusse Flamant, pour les animaux & les fleurs.

Jean Michel Picart de Flandre, pour les fleurs & les fruits.

Le Conte, d'Aix en Provence, pour des vaisselles, tapis, &c.

Petitot & Bordier de Genéve pour les portraits en émail.

Henry Toutin, de Châteaudun, Peintre en émail.

Pierre Chartier, de Blois, pour les fleurs en émail.

Sevin de Tournon peint en miniature, & aussi à huile.

Nicolas Robert de Langres, pour les fleurs en miniature.

Sylvain Bonnet de Blois, peint en miniature.

Coulon de Paris, fait des portraits en miniature.

Blancheri d'Avignon, travaille aussi de miniature.

Blanchet de Paris demeure à Lion, où il peint de grands ouvrages.

Claude Spiers Lorain, Peintre, travaille aussi à Lion, de mesme que V a-

DRECAVE Hollandois , qui fait des animaux , des païfages, & des Ports de mer.

IL y a auffi plufieurs femmes & filles
qui travaillent en huile & en miniature.

MAGDELAINE HERAULT femme de Noël
Coypel , peint fort bien à huile.

ANTOINETTE HERAULT femme de Guillaume Chafteau , peint de miniature.

MARIE GENEVIEFVE DE LENS , femme
de Charles Herault , travaille auffi de miniature.

* DIEU peint en huile.

* DE FRADES. * LE FE'VRE. * BAPTISTE.
* BOURDON. CLAUDE , & FRANÇOISE
BOUSONNET STELLA , fœurs d'Antoine
Boufonnet Stella, peignent & gravent fort
bien. Elles avoient une fœur nommé AN-
TOINETTE , qui eftoit la plus jeune , & qui
eft morte depuis peu, qui a gravé d'a-
prés Jules Romain.

*Les Peintres qui travaillent prefentement
à Rome.*

CARLO MARATI , autrement CAR-
LOUCHE. Il eft Eleve d'André Sacchi, &
natif de la Marche d'Ancone.

JACINTE BRANDI peint dans la maniere de Lanfranc.

CIRO FERRO Eleve de Pietre de Cortone.

FILIPPO LAURO, Eleve d'André Sacchi.

LE PERUSINI ; LE PERUGIN ; LE GA-
LESTRUCCIO.

CARLO CÆSIO. Il a gravé la gallerie
des Caraches, & plusieurs autres ouvrages.

Le petit le MAIRE, François. Il a beaucoup peint d'aprés le Poussin.

LE VIEUX, de Languedoc.

CHEVINEAU François.

COURTOIS dit le Bourguignon, travaille
à l'Histoire, & à des batailles. Il y a un
Tableau de luy dans le Cabinet du Roy.
Il avoit un frere Jesuite, nommé le P. Jacques COURTOIS, qui est mort, il y a peu
d'années. Il peignoit aussi de semblables
sujets.

LE MORANDI travaille à l'Histoire, &
à des portraits.

PIETRO DEL PO, travaille à l'Histoire &
au païsage.

LE BACCICIO de Genes fait des portraits.

ANDRE' FALCONT peint des batailles &
des Chasses.

FRANCESCO GRIMALDI travaille au
païsage dans la maniere des Caraches.

CLAUDE GELE'E dit le Lorain, païsagiste.

SYLVIOUCHE fait des Ports de mer & de
l'Architecture.

Le Brugle Flamant fait des fleurs & des fruits. Il a trauaillé à Paris dans la Chapelle du Seminaire de S. Sulpice.

Le Jordani, autrement dit Luca Fapresto, & Michel Spadaro travaillent à Naples.

Sebastien Bombel fait des portraits à Venise. Et Cochin, François, du païsage.

Le Signani travaille à Bologne dans la maniere de Lombardie.

Gennaro neveu de Guerchin, peint en Angleterre.

Dans les païs-bas, Spirins fait du païsage.

David Teniers peint des figures, comme aussi Scalque, Nesker, Holandois, Lermans & Moer Eleves de Gerard Daw.

F I N.

Bartho.

H

D.

I.

Des

Ce Leonard eut plufieurs difciples, entr'autres François Melzi, Cefar Sefto,
Bernard Loüino, Paul Lomazzo. André
Salario, dont il y a un Chrift d'une excellente beauté, qui eft prefentement dans
le Cabinet de Monfieur le Duc de la Ro-
chefoucault.

M.

S.

Fin de la Table.

9 782329 215990